Impressum
Verlag: BABADADA GmbH, Nedderfeld 112 , 22529 Hamburg
Geschäftsführer / Verlagsleitung: Harald Hof
Druck: Books on Demand GmbH, In de Tarpen 42, 22848 Norderstedt

Imprint
Publisher: BABADADA GmbH, Nedderfeld 112 , 22529 Hamburg, Germany
Managing Director / Publishing direction: Harald Hof
Print: Books on Demand GmbH, In de Tarpen 42, 22848 Norderstedt

school
skola

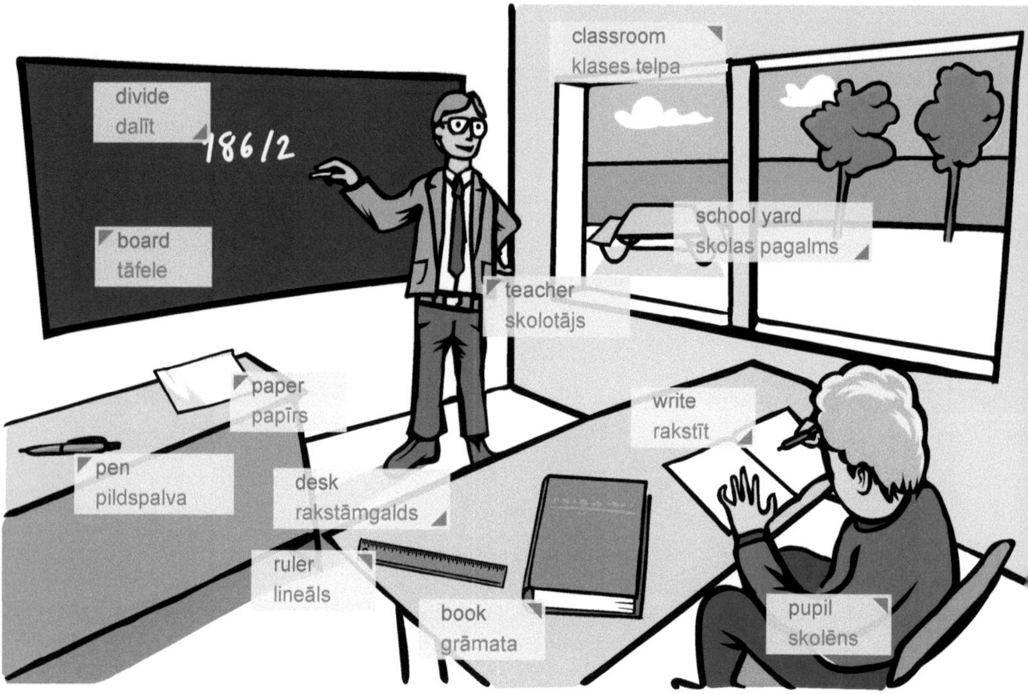
classroom
klases telpa
divide
dalīt
186/2
board
tāfele
school yard
skolas pagalms
teacher
skolotājs
paper
papīrs
write
rakstīt
pen
pildspalva
desk
rakstāmgalds
ruler
lineāls
book
grāmata
pupil
skolēns

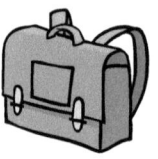

satchel
skolas soma

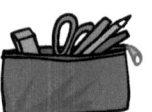

pencil case
penālis

pencil
zīmulis

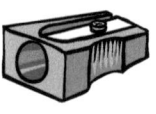

pencil sharpener
zīmuļu asināmais

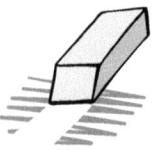

rubber
dzēšgumija

drawing pad
zīmēšanas bloks

drawing

zīmējums

paintbrush

ota

paint box

krāsas

scissors

šķēres

glue

līme

exercise book

darba burtnīca

homework

mājas darbs

number

skaitlis

add

saskaitīt

subtract

atņemt

multiply

reizināt

calculate

rēķināt

letter

burts

alphabet

alfabēts

word

vārds

text
....
teksts

read
....
lasīt

chalk
....
krīts

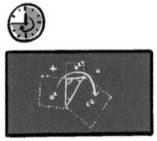

lesson
....
mācību stunda

register
....
žurnāls

exam
....
eksāmens

certificate
....
liecība

school uniform
....
skolas forma

education
....
izglītība

encyclopedia
....
enciklopēdija

university
....
universitāte

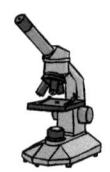

microscope
....
mikroskops

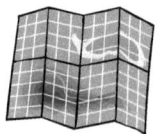

map
....
karte

waste-paper basket
....
papīrgrozs

travel
ceļojums

Grand
hotel
viesnīca
hostel
hostelis
ROOMS
CHANGE
bureau de change
valūtas maiņas punkts
car
automašīna

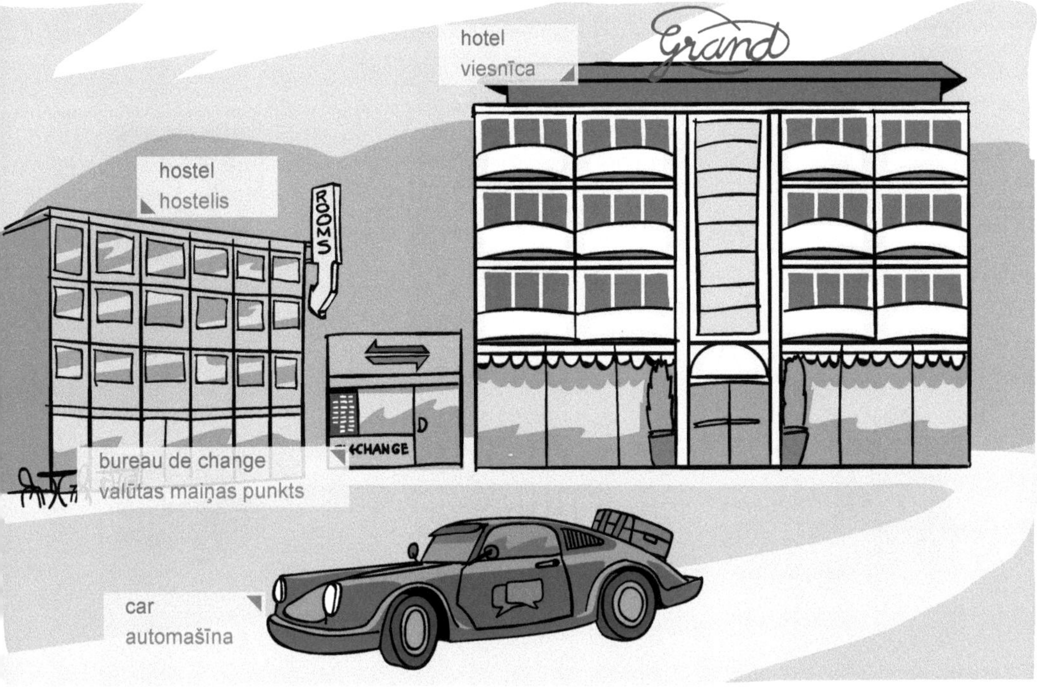

language

Valoda

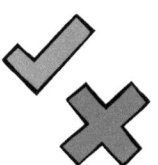

yes / no

jā / nē

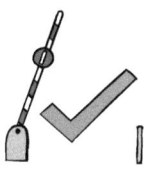

Okay

Okay

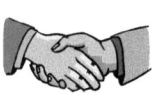

hello

Sveiki!

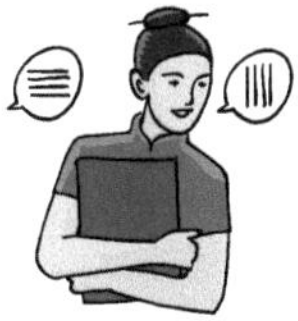

translator

tulks

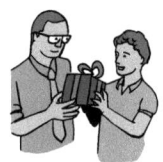

Thank you

paldies

how much is...?

Cik maksā...?

I do not understand

Es nesaprotu

problem

problēma

Good evening!

Labvakar!

Good morning!

Labrīt!

Good night!

Ar labu nakti!

bye bye

Uz redzēšanos

direction

virziens

luggage

bagāža

bag

soma

backpack

mugursoma

guest

viesis

room

istaba

sleeping bag

guļammaiss

tent

telts

travel - ceļojums

tourist information

tūrisma informācija

beach

pludmale

credit card

kredītkarte

breakfast

brokastis

lunch

pusdienas

dinner

vakariņas

ticket

biļete

lift

lifts

stamp

pastmarka

border

robeža

customs

muita

embassy

vēstniecība

visa

vīza

passport

pase

transport
transports

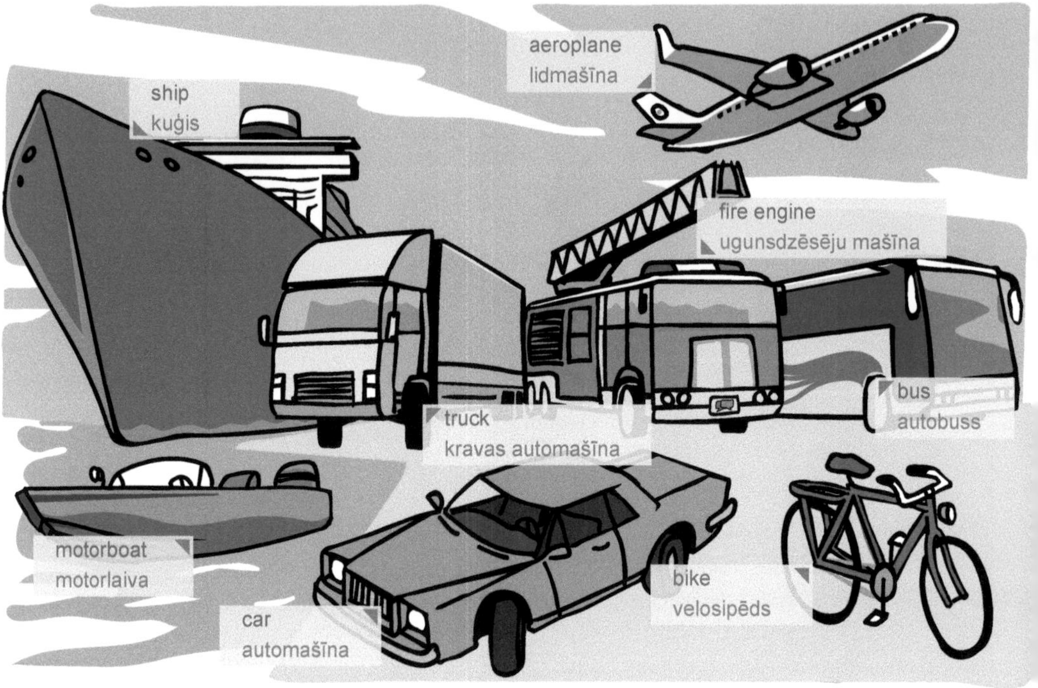
aeroplane
lidmašīna
ship
kuģis
fire engine
ugunsdzēsēju mašīna
bus
autobuss
truck
kravas automašīna
motorboat
motorlaiva
bike
velosipēds
car
automašīna

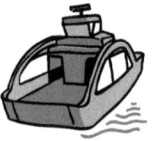

ferry

prāmis

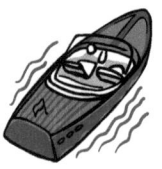

boat

laiva

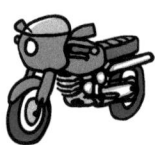

motorbike

motocikls

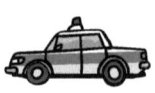

police car

policijas automašīna

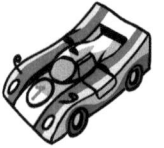

racing car

sacīkšu automobilis

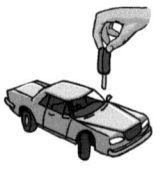

rental car

nomas auto

car sharing

auto koplietošana

breakdown truck

evakuators

refuse truck

atkritumu mašīna

motor

dzinējs

fuel

benzīns

petrol station

degvielas uzpildes stacija

traffic sign

ceļa zīme

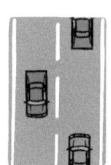

traffic

satiksme

traffic jam

sastrēgums

car park

stāvvieta

train station

dzelzceļa stacija

tracks

sliedes

train

vilciens

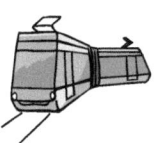

tram

tramvajs

carriage

vagons

helicopter

helikopters

airport

lidosta

tower

tornis

passenger

pasažieris

container

konteiners

carton

kaste

cart

ratiņi

basket

grozs

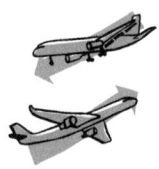

take off / land

pacelties / nosēsties

city

pilsēta

village

ciems

city centre

pilsētas centrs

house

māja

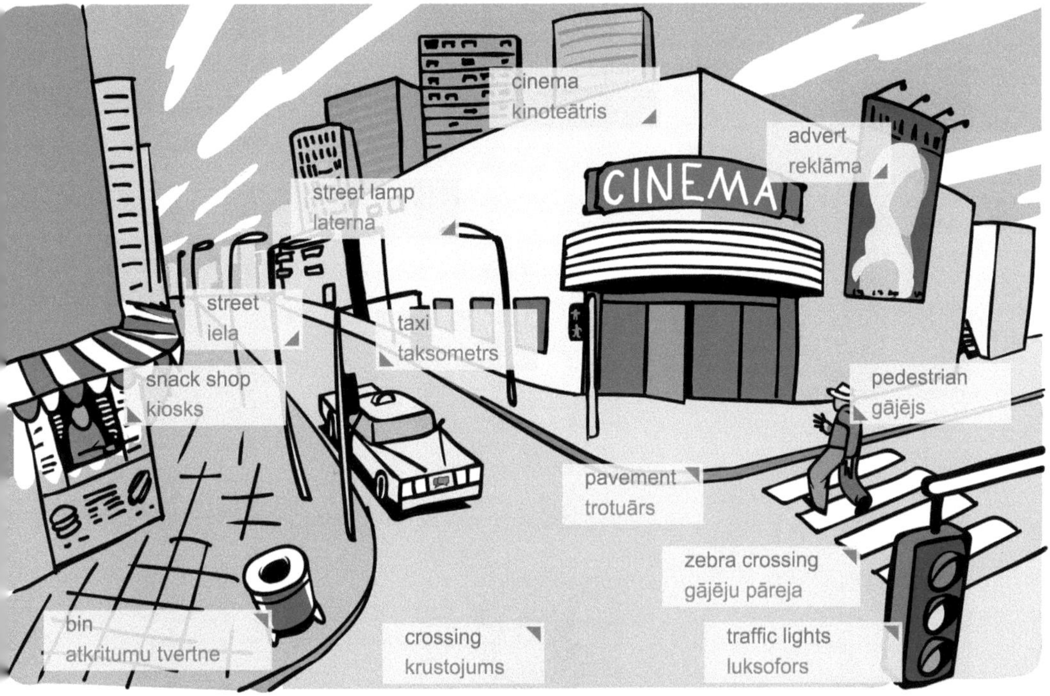

cinema
kinoteātris

advert
reklāma

street lamp
laterna

CINEMA

street
iela

taxi
taksometrs

snack shop
kiosks

pedestrian
gājējs

pavement
trotuārs

zebra crossing
gājēju pāreja

bin
atkritumu tvertne

crossing
krustojums

traffic lights
luksofors

hut
būda

flat
dzīvoklis

train station
dzelzceļa stacija

town hall
rātsnams

museum
muzejs

school
skola

university

universitāte

bank

banka

hospital

slimnīca

hotel

viesnīca

pharmacy

aptieka

office

birojs

book shop

grāmatnīca

shop

veikals

florist's

ziedu veikals

supermarket

lielveikals

market

tirgus

department store

tirdzniecības centrs

fishmonger's

zivju tirgotājs

shopping centre

tirdzniecības centrs

harbour

osta

park

parks

bench

sols

bridge

tilts

stairs

kāpnes

underground

metro

tunnel

tunelis

bus stop

autobusa pieturvieta

bar

bārs

restaurant

restorāns

postbox

pastkastīte

street sign

ielas nosaukuma plāksne

parking meter

stāvlaika skaitītājs

zoo

zooloģiskais dārzs

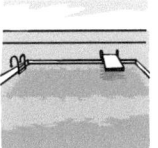

swimming pool

peldbaseins

mosque

mošeja

farm

zemnieku saimniecība

pollution

vides piesārņojums

graveyard

kapsēta

church

baznīca

playground

spēļu laukums

temple

templis

landscape

ainava

signpost
ceļrādis

way
ceļš

meadow
plava

stone
akmens

tree
koks

hiker
ceļotājs

river
upe

grass
zāle

flower
puķe

valley

ieleja

hill

kalns

lake

ezers

forest

mežs

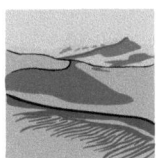

desert

tuksnesis

volcano

vulkāns

castle

pils

rainbow

varavīksne

mushroom

sēne

palm tree

palma

mosquito

moskīts

fly

muša

ant

skudra

bee

bite

spider

zirneklis

beetle

vabole

frog

varde

squirrel

vāvere

hedgehog

ezis

hare

zaķis

owl

pūce

bird

putns

swan

gulbis

boar

meža cūka

deer

briedis

moose

alnis

dam

aizsprosts

wind turbine

vēja ģenerators

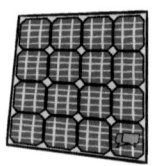

solar panel

saules baterija

climate

klimats

waiter
viesmīlis

menu
ēdienkarte

chair
krēsls

soup
zupa

pizza
pica

tablecloth
galdauts

cutlery
galda piederumi

starter
uzkoda

main course
pamatēdiens

dessert
deserts

drinks
dzērieni

food
ēdiens

bottle
pudele

fast food

ātrās uzkodas

street food

ielu uzkodas

teapot

tējkanna

sugar bowl

cukurtrauks

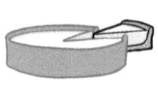

portion

porcija

espresso machine

espresso kafijas automāts

high chair

bāra krēsls

bill

rēķins

tray

paplāte

knife

nazis

fork

dakša

spoon

karote

teaspoon

tējkarote

serviette

salvete

glass

glāze

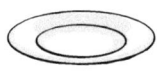

plate

šķīvis

soup plate

zupas šķīvis

saucer

apakštase

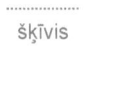

sauce

mērce

salt pot

sāls trauciņš

pepper mill

piparu dzirnaviņas

vinegar

etiķis

oil

eļļa

spices

garšvielas

ketchup

kečups

mustard

sinepes

mayonnaise

majonēze

supermarket
lielveikals

special offer
piedāvājums
FOR
customer
klients
dairy
piena produkti
fruit
augļi
trolley
iepirkumu ratiņi

BUTCHERS

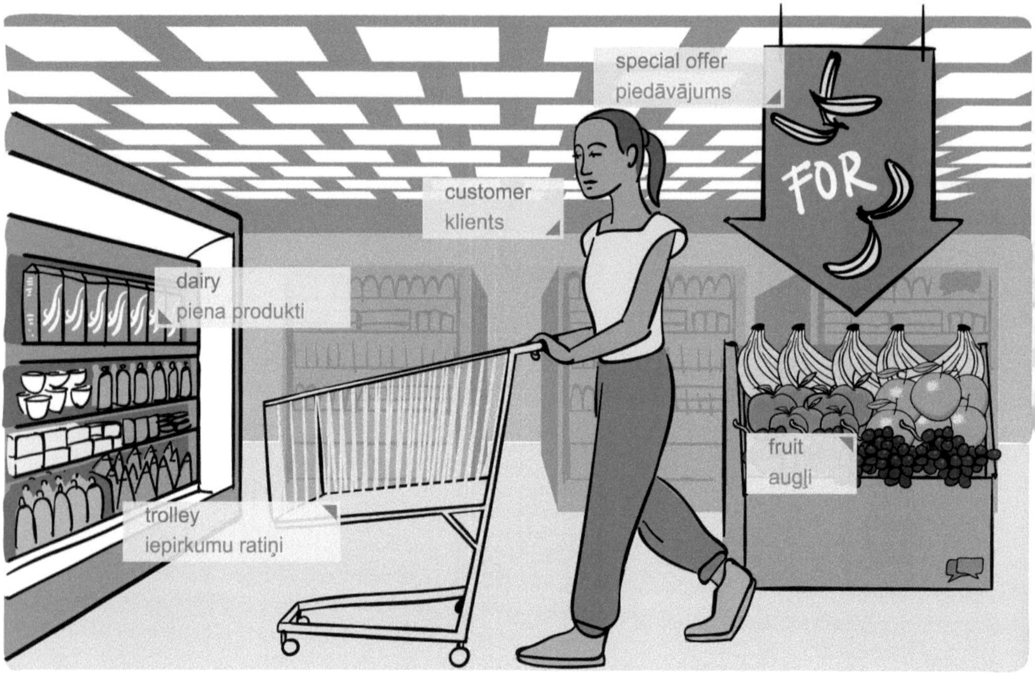

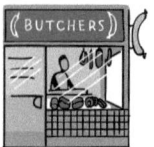

butcher´s

kautuve

BAKERY

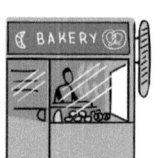

baker´s

maizes veikals

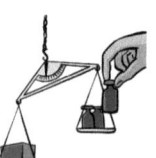

weigh

svērt

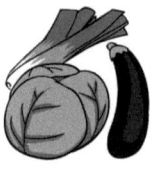

vegetables

dārzeņi

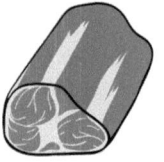

meat

gaļa

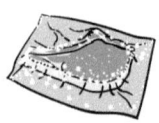

frozen food

saldēti produkti

cold meat

aukstās gaļas uzkodas

tinned food

konservi

washing powder

pulveris

sweets

saldumi

household products

mājsaimniecības preces

cleaning products

tīrīšanas līdzeklis

salesperson

pārdevēja

till

kase

cashier

kasieris

shopping list

iepirkumu saraksts

opening hours

darba laiks

wallet

maks

credit card

kredītkarte

bag

soma

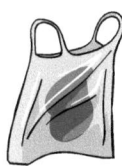

plastic bag

maisiņš

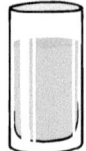

water

ūdens

juice

sula

milk

piens

coke

kola

wine

vīns

beer

alus

alcohol

alkohols

cocoa

kakao

tea

tēja

coffee

kafija

espresso

espresso

cappuccino

kapučīno

banana

banāns

apple

ābols

orange

apelsīns

melon

melone

lemon

citrons

carrot

burkāns

garlic

ķiploks

bamboo

bambuss

onion

sīpols

mushroom

sēne

nuts

rieksti

noodles

makaroni

spaghetti

spageti

rice

rīsi

salad

salāti

chips

frī kartupeļi

fried potatoes

cepti kartupeļi

pizza

pica

hamburger

hamburgers

sandwich

sviestmaize

cutlet

šnicele

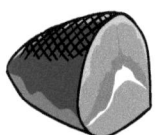

ham

šķiņķis

salami

salami

sausage

desa

chicken

vista

roast

cepetis

fish

zivs

porridge oats

auzu pārslas

muesli

muslis

cornflakes

brokastu pārslas

flour

milti

croissant

radziņš

bread roll

brokastu maizītes

bread

maize

toast

tostermaize

biscuits

cepumi

butter

sviests

curd

biezpiens

cake

kūka

egg

ola

fried egg

cepta ola

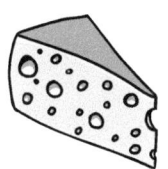

cheese

siers

ice cream

saldējums

sugar

cukurs

honey

medus

jam

marmelāde

chocolate spread

riekstu krēms

curry

karijs

farm

zemnieku saimniecība

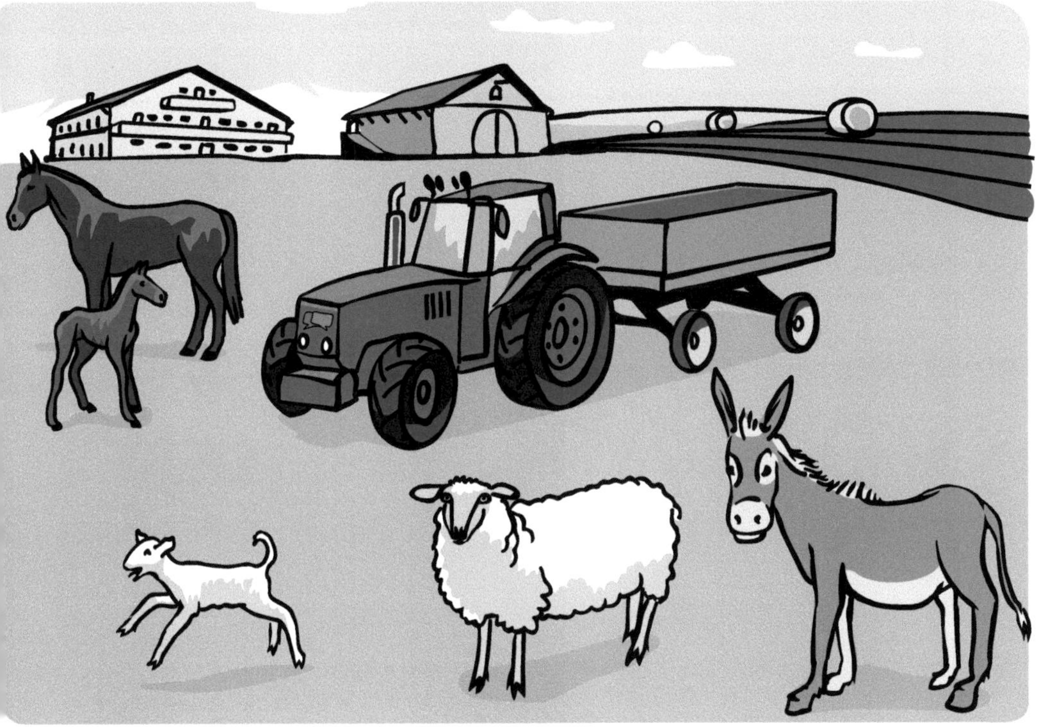

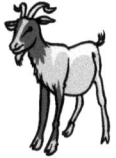

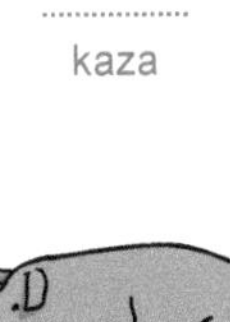

goat

kaza

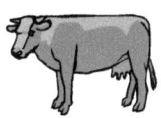

cow

govs

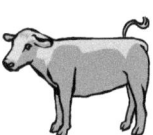

calf

teļš

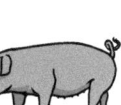

pig

cūka

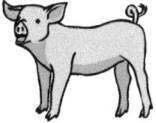

piglet

sivēns

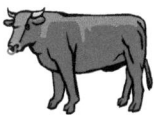

bull

bullis

goose

zoss

duck

pīle

chick

cālis

hen

vista

cock

gailis

rat

žurka

cat

kaķis

mouse

pele

ox

vērsis

dog

suns

doghouse

suņa būda

garden hose

dārza šļūtene

watering can

lejkanna

scythe

izkapts

plough

arkls

farm - zemnieku saimniecība

sickle

sirpis

hoe

kaplis

pitchfork

mēslu dakša

axe

cirvis

wheelbarrow

ķerra

trough

sile

milk can

piena kanna

sack

maiss

fence

žogs

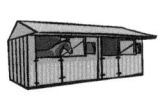

stable

kūts

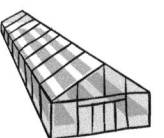

greenhouse

siltumnīca

soil

augsne

seed

sēklas

fertilizer

mēslojums

combine harvester

kombains

farm - zemnieku saimniecība

harvest

novākt ražu

harvest

raža

yams

jamss

wheat

kvieši

soy

soja

potato

kartupelis

corn

kukurūza

rapeseed

rapsis

fruit tree

augļu koks

cassava

manioka

cereals

labība

house
māja

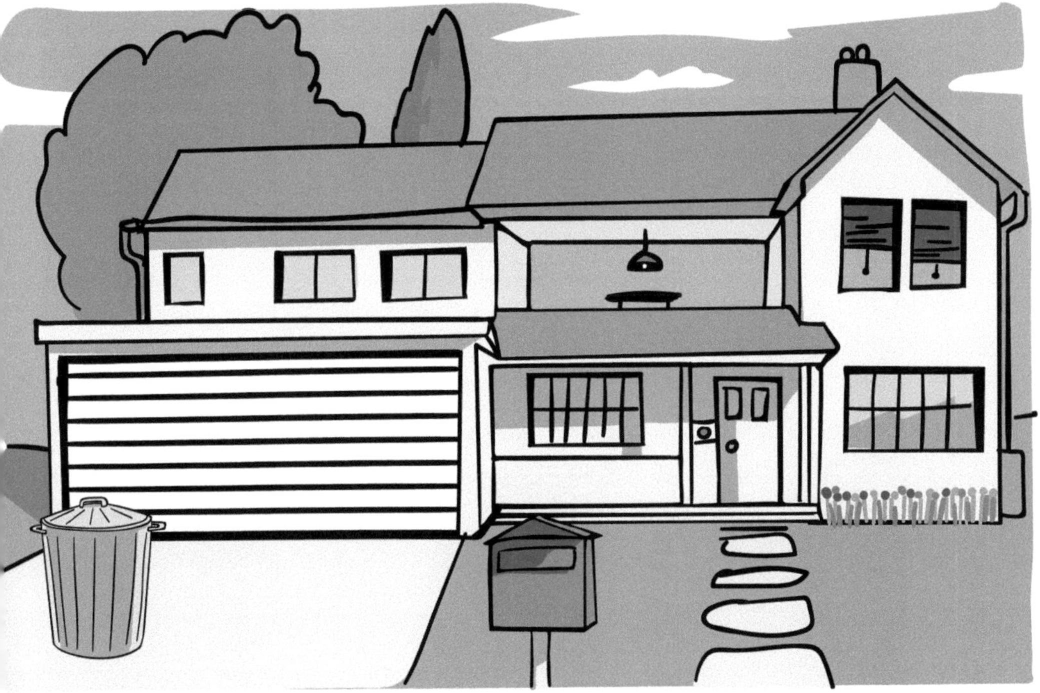

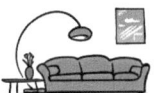

living room
viesistaba

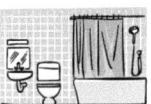

bathroom
vannas istaba

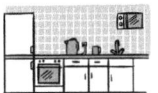

kitchen
virtuve

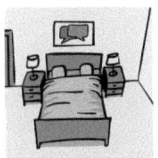

bedroom
guļamistaba

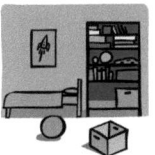

child's room
bērnu istaba

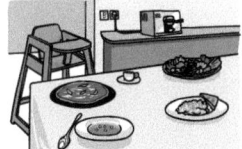

dining room
ēdamistaba

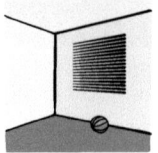

floor

grīda

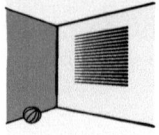

wall

siena

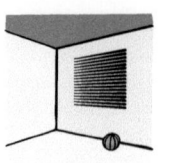

ceiling

griesti

cellar

pagrabs

sauna

sauna

balcony

balkons

terrace

terase

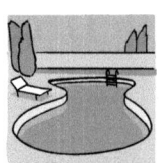

pool

baseins

lawn mower

zāles pļāvējs

sheet

gultas veļa

bedspread

sega

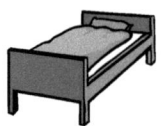

bed

gulta

broom

slota

bucket

spainis

switch

slēdzis

living room
viesistaba

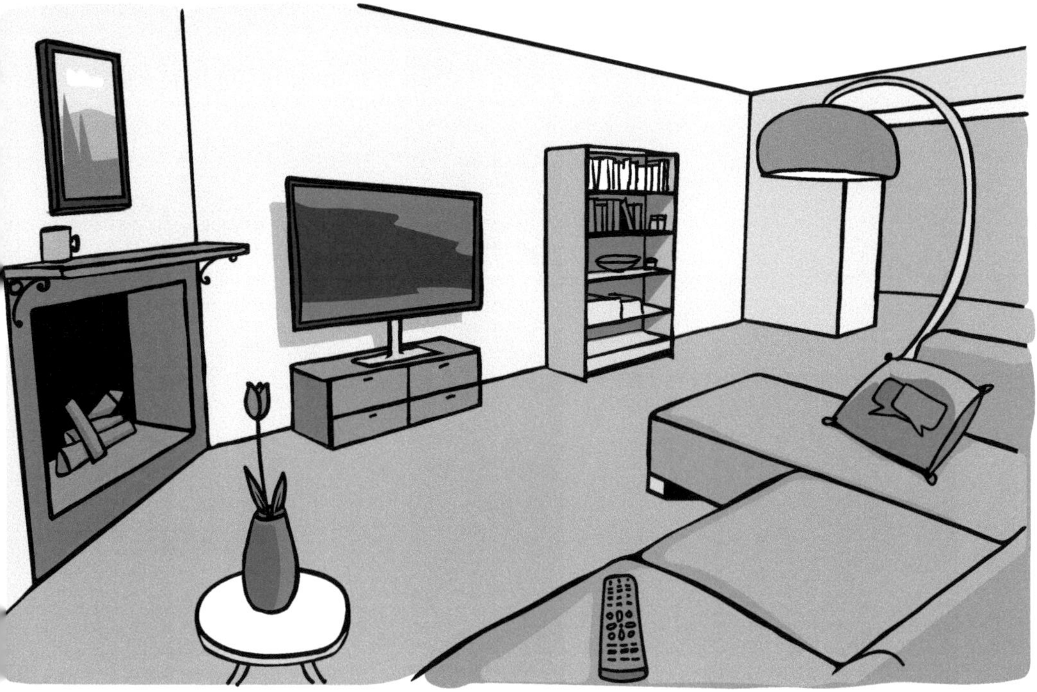

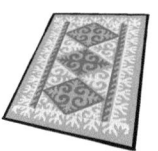

carpet

paklājs

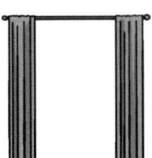

curtain

aizkars

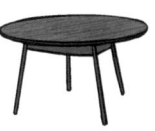

table

galds

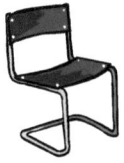

chair

krēsls

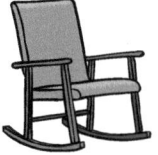

rocking chair

šūpuļkrēsls

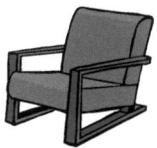

armchair

atpūtas krēsls

book

grāmata

blanket

sega

decoration

dekorācija

firewood

malka

film

filma

hi-fi equipment

mūzikas centrs

key

atslēga

newspaper

avīze

painting

glezna

poster

plakāts

radio

radio

notepad

pierakstu blociņš

hoover

putekļu sūcējs

cactus

kaktuss

candle

svece

kitchen
virtuve

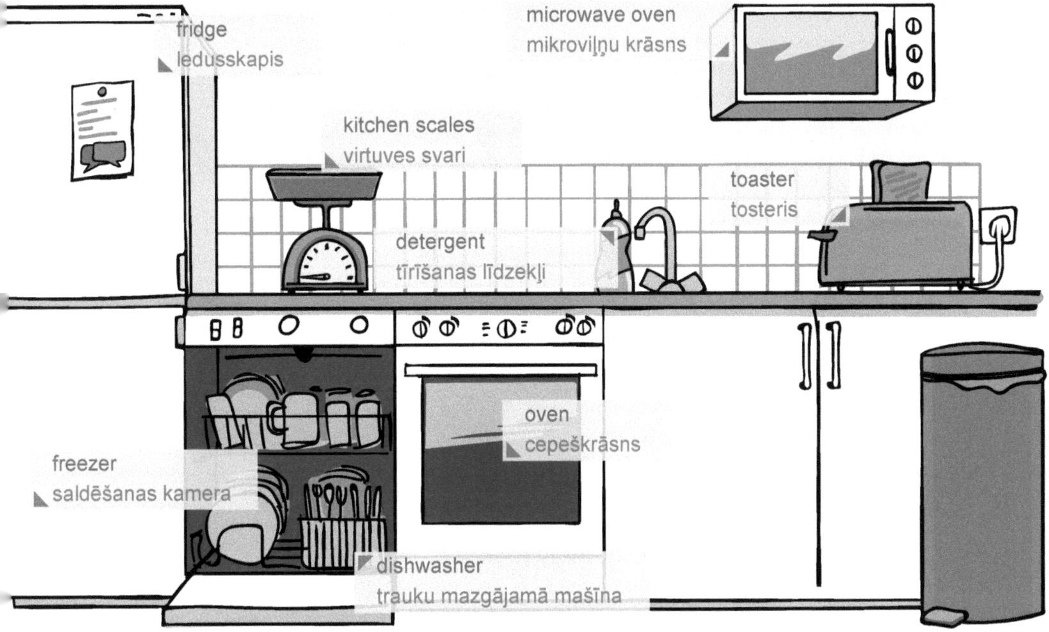
fridge
ledusskapis
microwave oven
mikroviļņu krāsns
kitchen scales
virtuves svari
toaster
tosteris
detergent
tīrīšanas līdzekļi
oven
cepeškrāsns
freezer
saldēšanas kamera
dishwasher
trauku mazgājamā mašīna

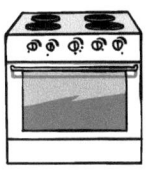

cooker
plīts

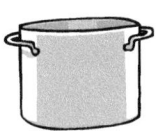

pot
pods

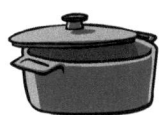

cast-iron pot
katls

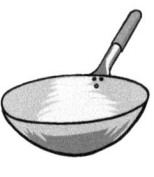

wok / kadai
Wok panna

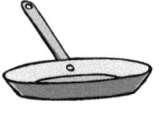

pan
panna

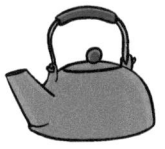

kettle
elektriskā tējkanna

steamer

tvaika katls

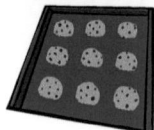

baking tray

cepešpanna

crockery

trauki

mug

krūze

bowl

bļoda

chopsticks

irbulīši

ladle

kauss

spatula

lāpstiņa

whisk

putošanas slotiņa

strainer

sietiņš

sieve

siets

grater

rīve

mortar

piesta

barbecue

grilēt

open fire

atklāts pavards

chopping board

dēlis

rolling pin

mīklas rullis

corkscrew

korķu vilķis

can

bundža

can opener

konservu nazis

pot holder

virtuves cimdi

sink

izlietne

brush

birste

sponge

sūklis

blender

mikseris

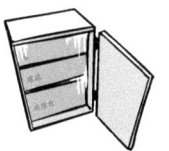

deep freezer

saldētava

baby bottle

bērna pudelīte

tap

ūdenskrāns

kitchen - virtuve

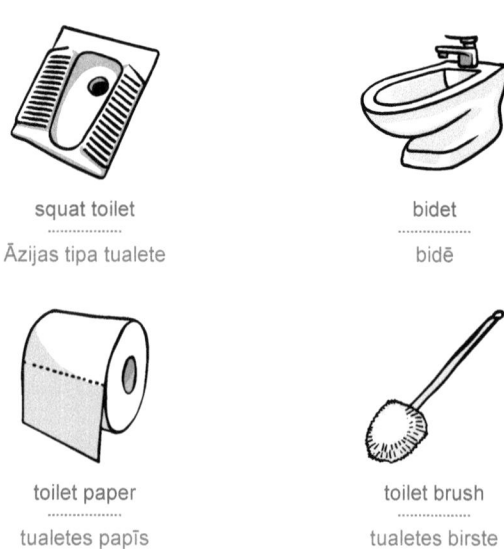

bathroom
vannas istaba

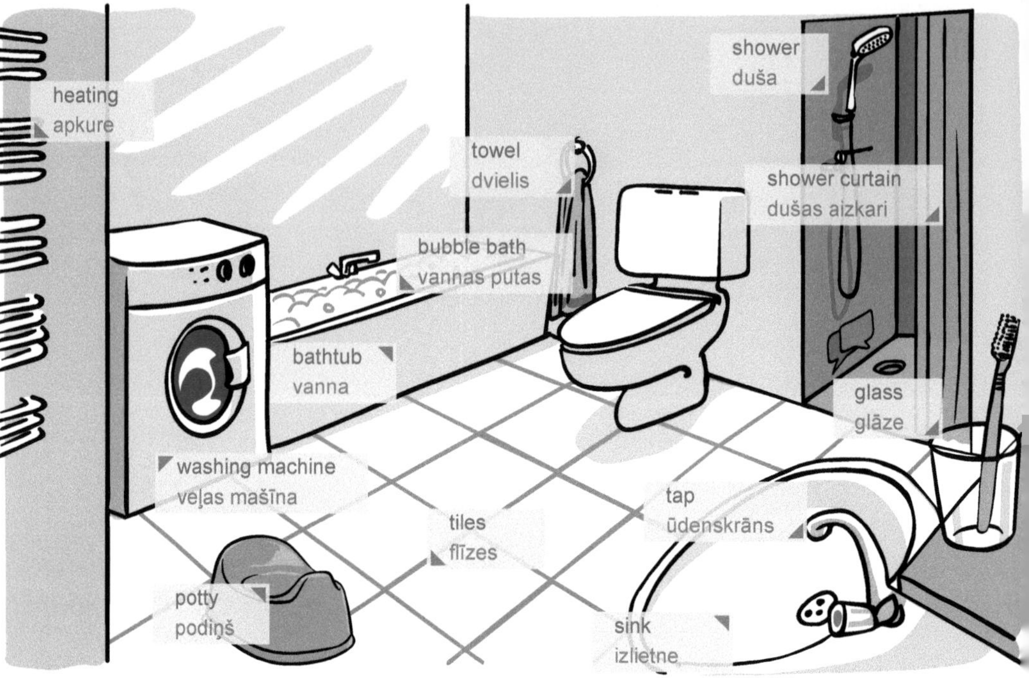

heating
apkure
towel
dvielis
shower
duša
shower curtain
dušas aizkari
bubble bath
vannas putas
bathtub
vanna
glass
glāze
washing machine
veļas mašīna
tap
ūdenskrāns
tiles
flīzes
potty
podiņš
sink
izlietne

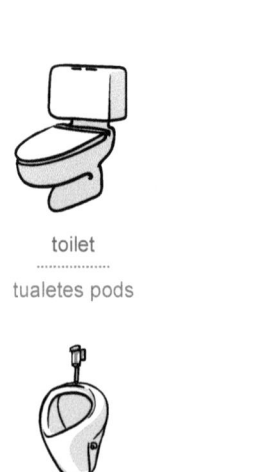

toilet

tualetes pods

squat toilet

Āzijas tipa tualete

bidet

bidē

urinal

pisuārs

toilet paper

tualetes papīs

toilet brush

tualetes birste

toothbrush

zobu birste

toothpaste

zobu pasta

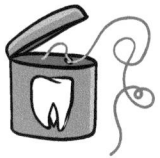

dental floss

zobu diegs

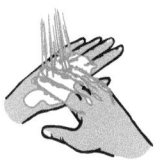

wash

mazgāt

handheld shower

rokas duša

douche

duša

basin

bļoda

back brush

muguras mazgāšanas birste

soap

ziepes

shower gel

dušas želeja

shampoo

šampūns

flannel

mazgāšanas drāna

drain

noteka

cream

krēms

deodorant

dezodorants

mirror

spogulis

hand mirror

spogulītis

razor

skuveklis

shaving foam

skūšanās putas

aftershave

losjons pēc skūšanās

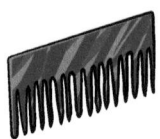

comb

ķemme

brush

matu suka

hair dryer

matu fēns

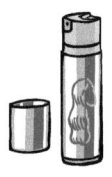

hairspray

matu laka

makeup

grima komplekts

lipstick

lūpu krāsa

nail varnish

nagulaka

cotton wool

vate

nail scissors

šķērītes

perfume

smaržas

washbag

kosmētikas maks

stool

ķeblītis

weighing scale

svari

bathrobe

halāts

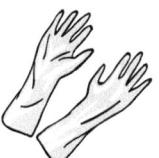

rubber gloves

tīrīšanas cimdi

tampon

tampons

sanitary towel

pakete

chemical toilet

ķīmiskā tualete

child's room
bērnu istaba

alarm clock
modinātājs
cuddly toy
mīkstā rotaļlieta
toy car
spēļu automašīna
rattle
grabulis
doll's house
leļļu māja
present
dāvana

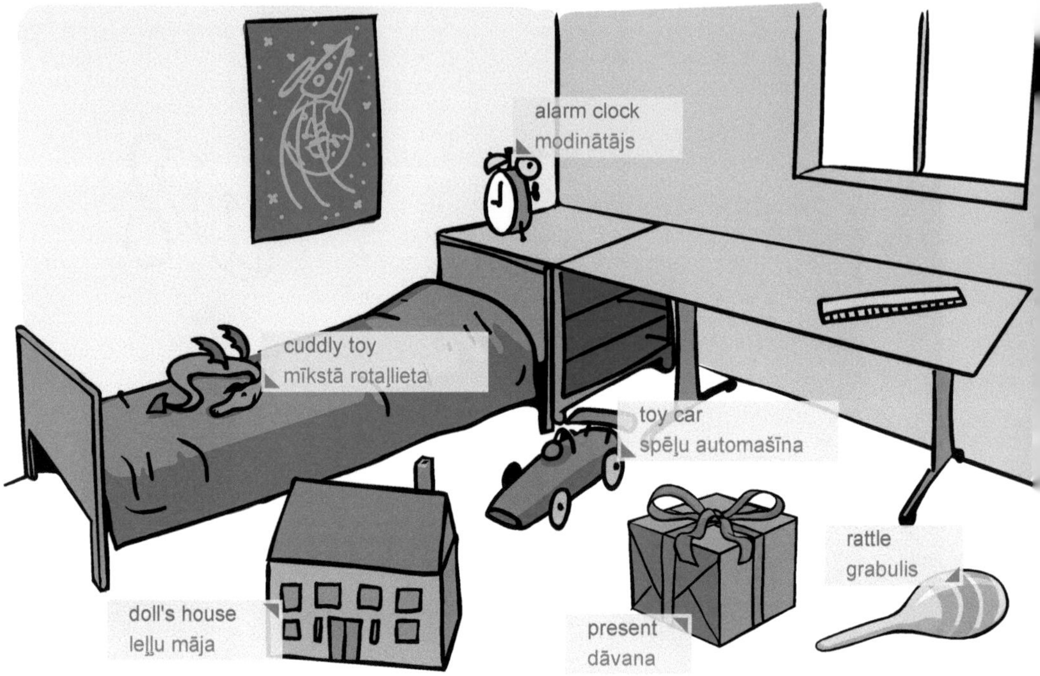

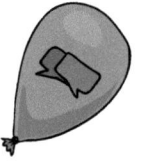

balloon

balons

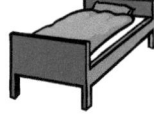

bed

gulta

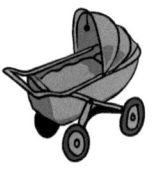

pram

bērnu ratiņi

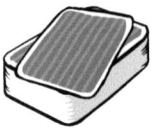

deck of cards

kārtis

jigsaw

puzle

SUPER MEGA

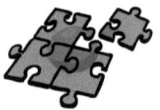

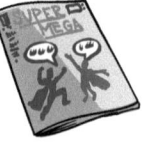

comic

komikss

lego bricks

LEGO klucīši

building blocks

klucīši

action figure

varoņu figūra

babygrow

rāpulītis

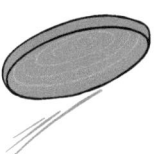

frisbee

lidojošais šķīvītis

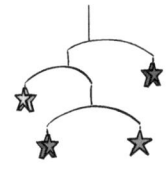

mobile

muzikālais karuselis

board game

galda spēle

dice

metamais kauliņš

model train set

rotaļu dzelzceļš

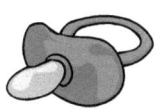

dummy

māneklis

party

ballīte

picture book

bilžu grāmata

ball

bumba

doll

lelle

play

spēlēt

sandpit

smilšu kaste

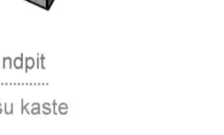

swing

šūpoles

toys

rotaļlietas

video game console

spēļu konsole

tricycle

trīsritenis

teddy bear

plīša lācītis

wardrobe

drēbju skapis

clothing

apģērbs

socks

īszeķes

stockings

zeķes

tights

zeķbikses

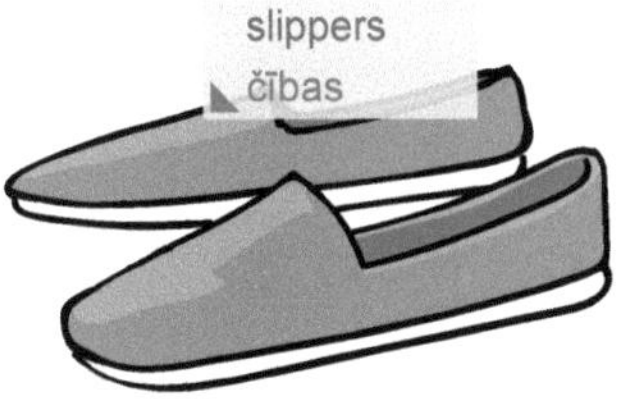

scarf
šalle

umbrella
lietussargs

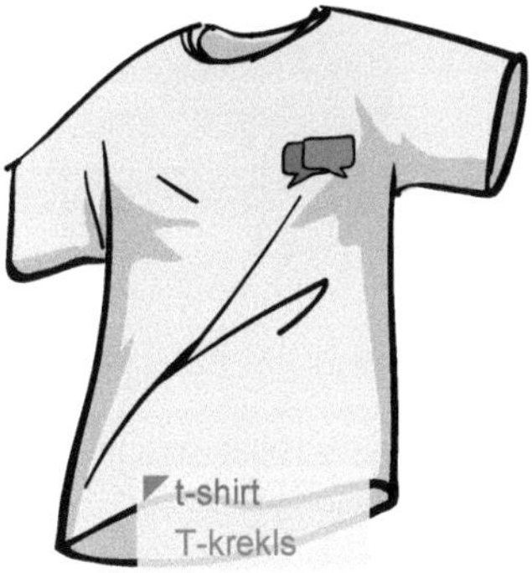

t-shirt
T-krekls

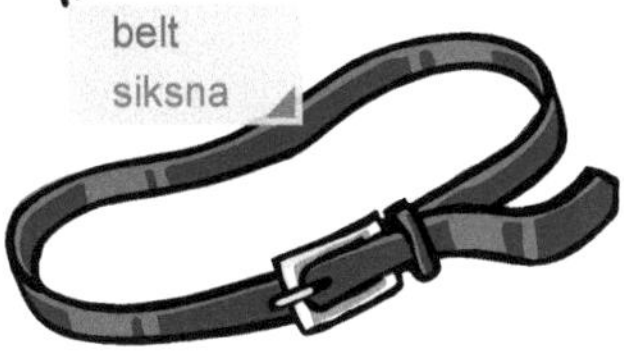

belt
siksna

boots
zābaks

slippers
čības

trainers
botas

sandals
sandales

shoes
kurpes

rubber boots
gumijas zābaki

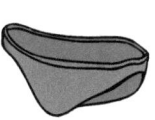

underpants
apakšbikses

bra
krūšturis

vest
apakškrekls

body

bodijs

trousers

bikses

jeans

džinsi

skirt

svārki

blouse

blūze

shirt

krekls

pullover

pulovers

hoodie

džemperis

blazer

žakete

jacket

jaka

coat

mētelis

raincoat

lietus mētelis

costume

kostīms

dress

kleita

wedding dress

kāzu kleita

suit

uzvalks

nightgown

naktskrekls

pyjamas

pidžama

sari

sari

headscarf

lakats

turban

turbāns

burqa

burka

kaftan

kaftāns

abaya

abaja

swimsuit

peldkostīms

trunks

peldbikses

shorts

šorti

tracksuit

treniņtērps

apron

priekšauts

gloves

cimdi

button

poga

glasses

brilles

bracelet

rokassprādze

necklace

kaklarota

ring

gredzens

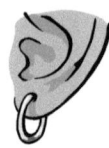

earring

auskars

cap

cepure

coat hanger

drēbju pakaramais

hat

platmale

tie

kaklasaite

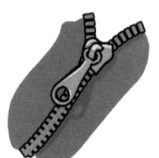

zip

rāvējslēdzējs

helmet

ķivere

braces

bikšturi

school uniform

skolas forma

uniform

uniforma

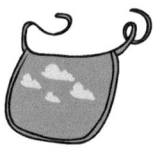

bib

priekšautiņš

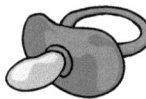

dummy

māneklis

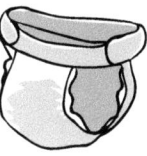

nappy

autiņbiksītes

office
birojs

server
serveris
filing cabinet
dokumentu skapis
paper
papīrs
printer
printeris
monitor
monitors
mouse
pele
desk
rakstāmgalds
folder
dokumentu vāki
keyboard
klaviatūra
waste-paper basket
papīrgrozs
computer
dators
chair
krēsls

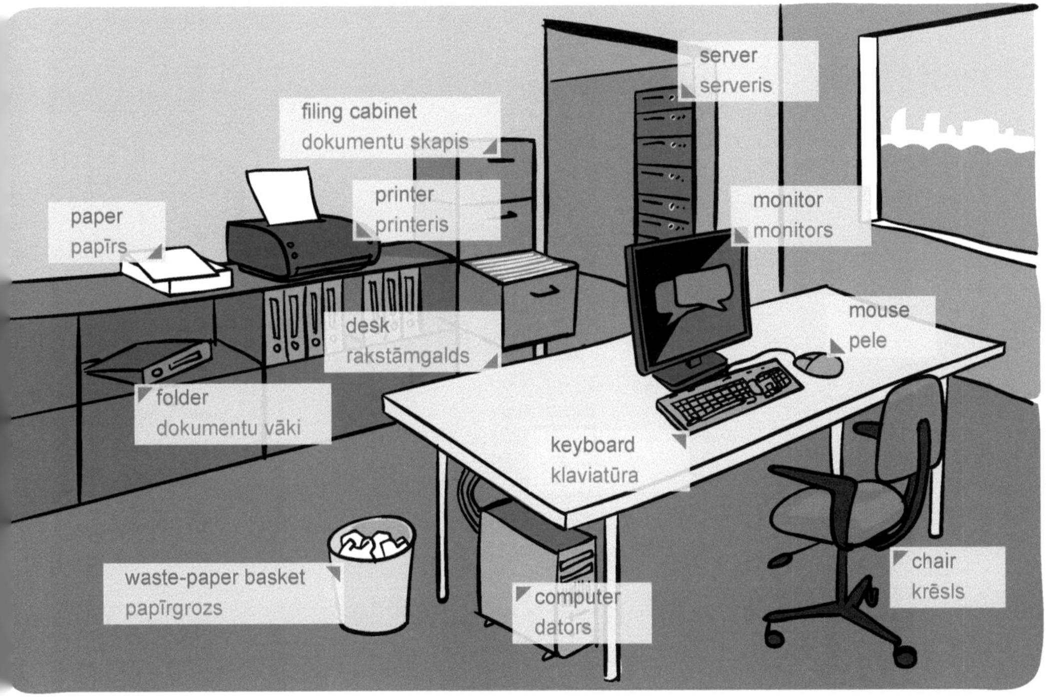

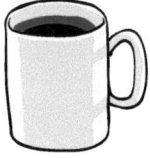

coffee mug

kafijas krūze

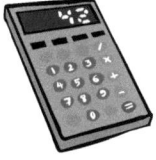

calculator

kalkulators

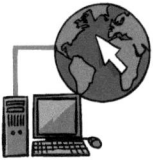

internet

internets

laptop

portatīvais dators

letter

vēstule

message

ziņa

mobile

mobilais tālrunis

network

tīkls

photocopier

kopētājs

software

programmatūra

telephone

telefons

plug socket

rozete

fax machine

faksa aparāts

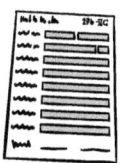

form

formulārs

document

dokuments

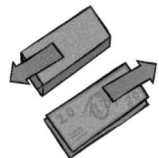

buy

pirkt

pay

samaksāt

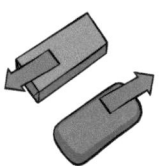

trade

tirgot

money

nauda

 **USD**

dollar

dolārs

 **EUR**

euro

eiro

 **JPY**

yen

jēna

 **RUB**

rouble

rublis

 **CHF**

Swiss franc

franks

 **CNY**

renminbi yuan

juaņa renminbi

 **INR**

rupee

rūpija

cashpoint

bankomāts

bureau de change

valūtas maiņas punkts

gold

zelts

silver

sudrabs

oil

nafta

energy

enerģija

price

cena

contract

līgums

tax

nodoklis

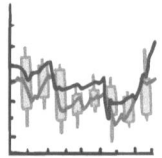

stock

akcija

work

strādāt

employee

darbinieks

employer

darba devējs

factory

fabrika

shop

veikals

occupations
profesijas

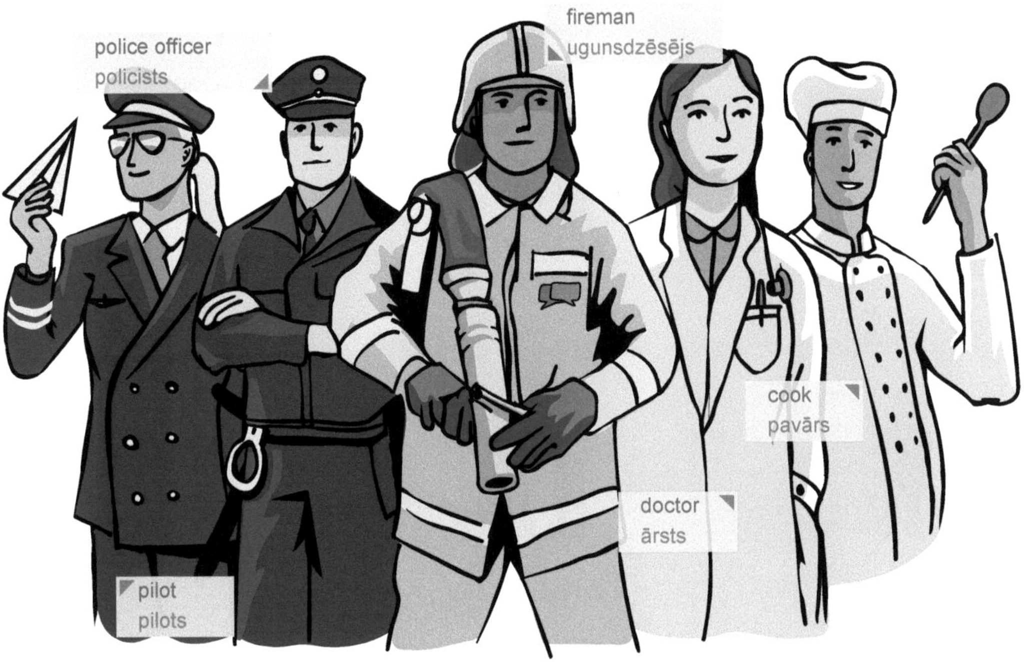
police officer
policists
fireman
ugunsdzēsējs
cook
pavārs
doctor
ārsts
pilot
pilots

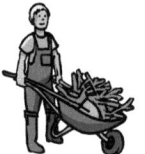

gardener
dārznieks

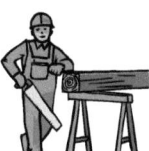

carpenter
galdnieks

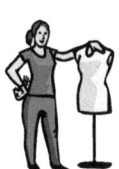

seamstress
šuvēja

judge
tiesnesis

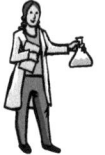

chemist
ķīmiķis

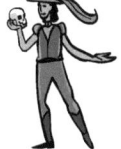

actor
aktieris

bus driver

autobusa vadītājs

taxi driver

taksometra vadītājs

fisherman

zvejnieks

cleaning lady

apkopēja

roofer

jumiķis

waiter

viesmīlis

hunter

mednieks

painter

gleznotājs

baker

maiznieks

electrician

elektriķis

builder

celtnieks

engineer

inženieris

butcher

miesnieks

plumber

skārdnieks

postman

pastnieks

soldier

karavīrs

architect

arhitekts

cashier

kasieris

florist

florists

hairdresser

frizieris

conductor

konduktors

mechanic

mehāniķis

captain

kapteinis

dentist

zobārsts

scientist

zinātnieks

rabbi

rabīns

imam

imāms

monk

mūks

clergyman

mācītājs

tools
instrumenti

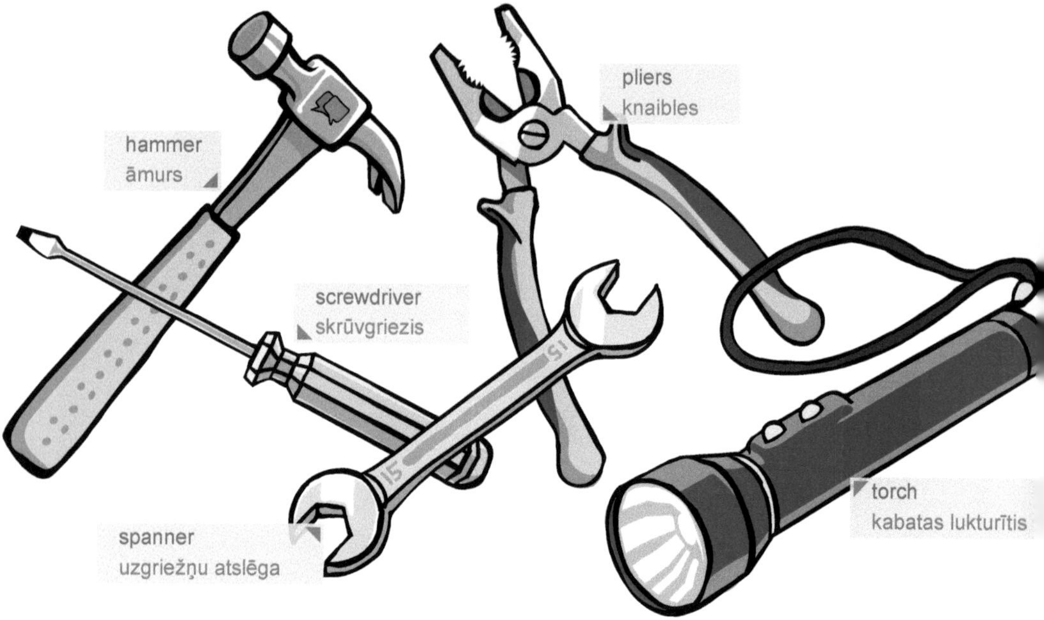

pliers
knaibles
hammer
āmurs
screwdriver
skrūvgriezis
torch
kabatas lukturītis
spanner
uzgriežņu atslēga

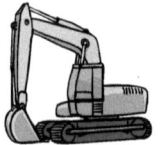

digger

ekskavators

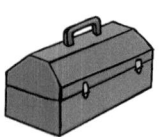

toolbox

instrumentu kaste

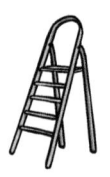

ladder

kāpnes

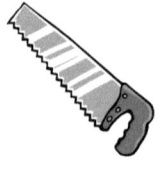

saw

zāģis

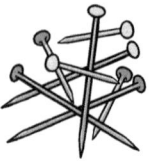

nails

naglas

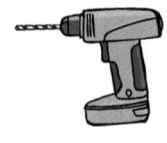

drill

urbis

repair
remontēt

shovel
lāpsta

Damn!
Velns!

dustpan
liekšķere

paint pot
krāsas bundža

screws
skrūves

musical instruments
mūzikas instrumenti

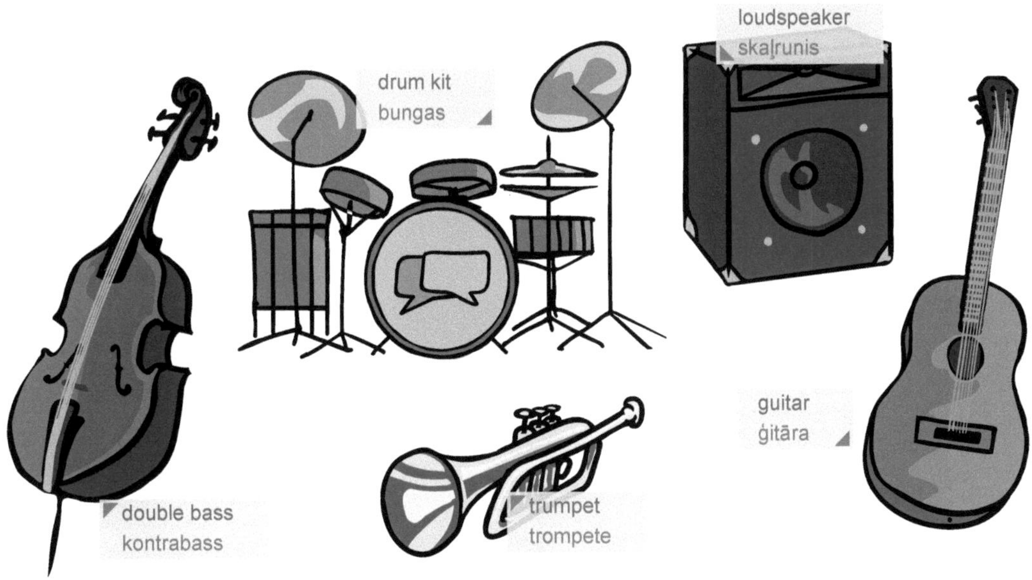

loudspeaker
skaļrunis

drum kit
bungas

guitar
ģitāra

double bass
kontrabass

trumpet
trompete

piano

klavieres

violin

vijole

bass

bass

timpani

timpāni

drums

bungas

keyboard

digitālās klavieres

saxophone

saksofons

flute

flauta

microphone

mikrofons

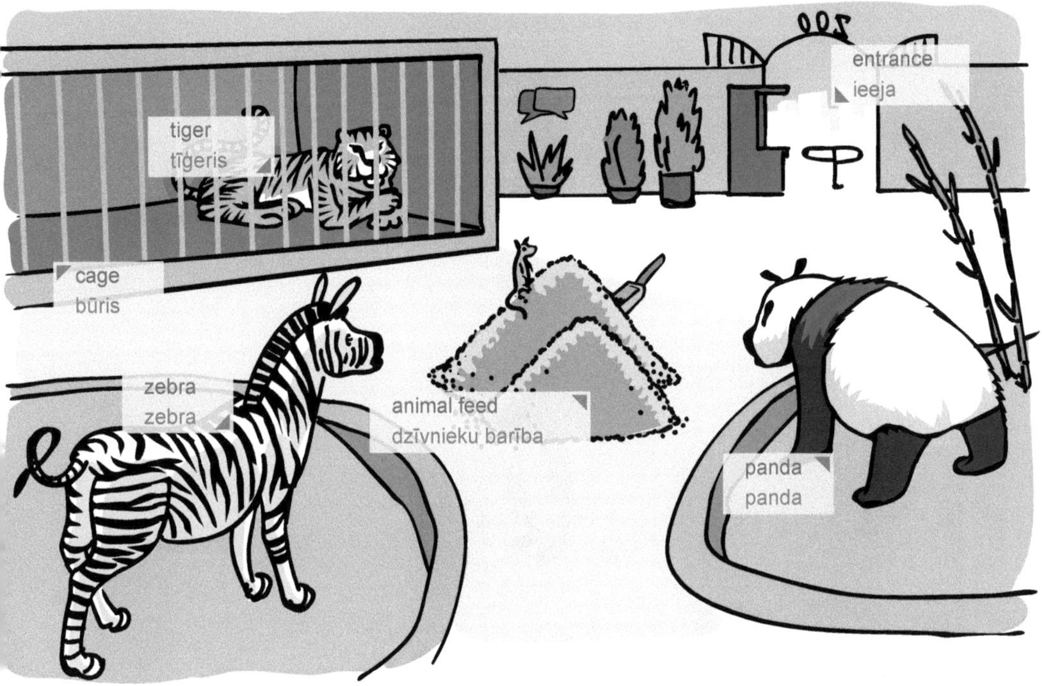

entrance
ieeja

tiger
tīģeris

cage
būris

zebra
zebra

animal feed
dzīvnieku barība

panda
panda

animals

dzīvnieki

elephant

zilonis

kangaroo

ķengurs

rhino

degunradzis

gorilla

gorilla

bear

lācis

camel

kamielis

ostrich

strauss

lion

lauva

monkey

pērtiķis

flamingo

flamings

parrot

papagailis

polar bear

polārlācis

penguin

pingvīns

shark

haizivs

peacock

pāvs

snake

čūska

crocodile

krokodils

zookeeper

zoodārza sargs

seal

ronis

jaguar

jaguārs

zoo - zooloģiskais dārzs

pony

ponijs

leopard

leopards

hippo

nīlzirgs

giraffe

žirafe

eagle

ērglis

boar

meža cūka

fish

zivs

turtle

bruņurupucis

walrus

valzirgs

fox

lapsa

gazelle

gazele

American football
amerikāņu futbols

cycling
riteņbraukšana

tennis
teniss

basketball
basketbols

swimming
peldēšana

boxing
bokss

ice hockey
hokejs

football
futbols

badminton
badmintons

athletics
vieglatlētika

handball
rokas bumba

skiing
slēpošana

polo
polo

activities
darbības

laugh
smieties
jump
lēkt
hug
apskaut
walk
iet
sing
dziedāt
dream
sapņot
pray
lūgt
kiss
skūpstīt

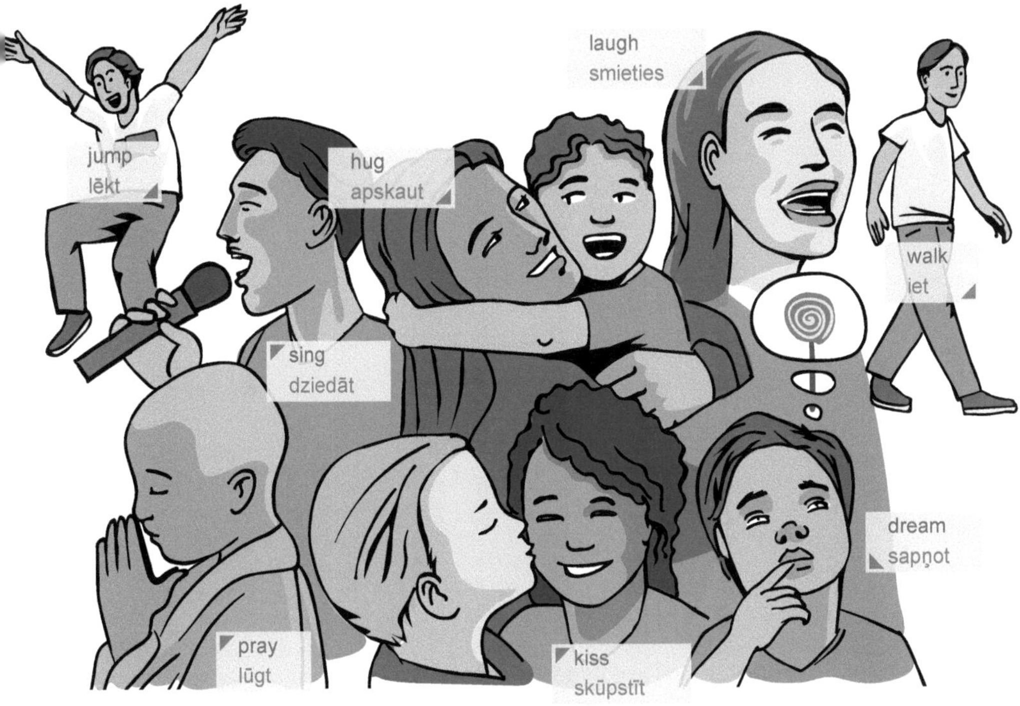

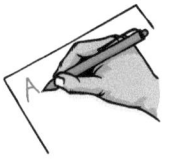

write

rakstīt

draw

zīmēt

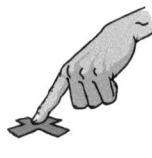

show

rādīt

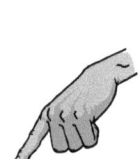

push

spiest

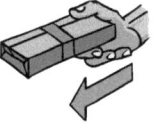

give

dot

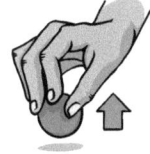

take

ņemt

have

būt

do

darīt

be

būt

stand

stāvēt

run

skriet

pull

vilkt

throw

mest

fall

krist

lie

gulēt

wait

gaidīt

carry

nest

sit

sēdēt

get dressed

uzģērbt

sleep

gulēt

wake up

pamosties

look at

skatīties

cry

raudāt

stroke

glāstīt

comb

ķemmēt

talk

runāt

understand

saprast

ask

jautāt

listen

dzirdēt

drink

dzert

eat

ēst

tidy up

sakārtot

love

mīlēt

cook

vārīt

drive

braukt

fly

lidot

activities - darbības

sail

burot

calculate

rēķināt

read

lasīt

learn

mācīties

work

strādāt

marry

precēties

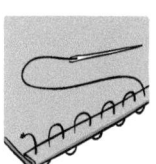

sew

šūt

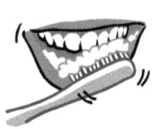

brush teeth

tīrīt zobus

kill

nogalināt

smoke

smēķēt

send

sūtīt

family
ģimene

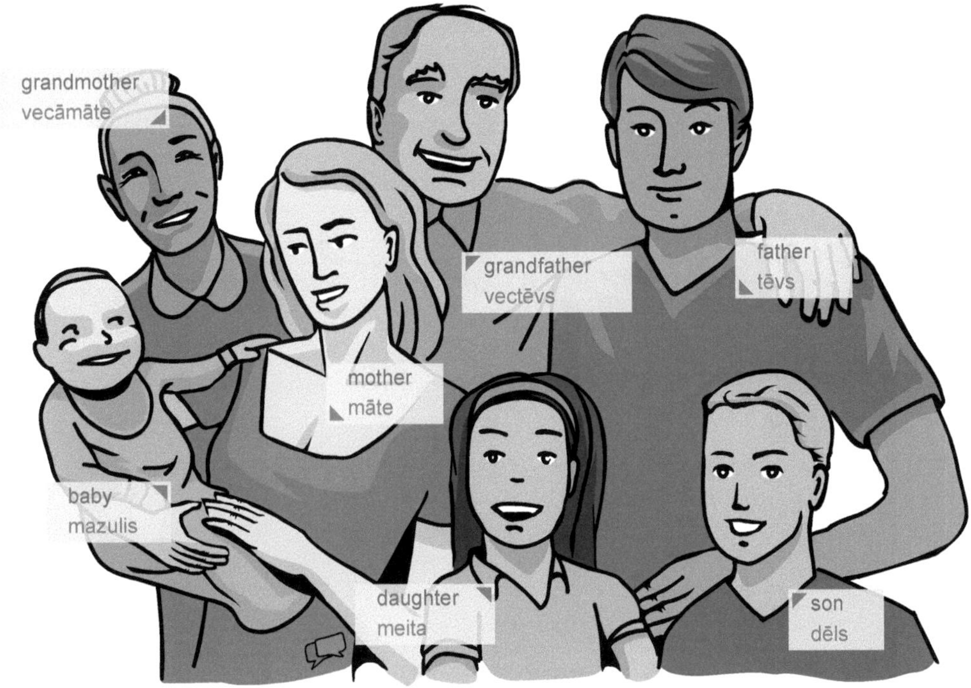
grandmother
vecāmāte
grandfather
vectēvs
father
tēvs
mother
māte
baby
mazulis
daughter
meita
son
dēls

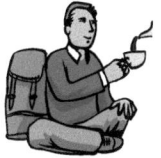

guest

viesis

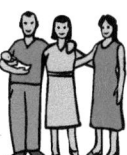

aunt

tante

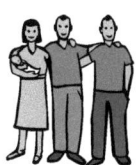

uncle

onkulis

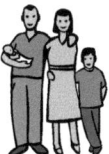

brother

brālis

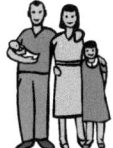

sister

māsa

body
ķermenis

forehead
piere
eye
acs
shoulder
plecs
finger
pirksts
face
seja
chin
zods
hand
roka
leg
kāja
breast
krūtis
arm
roka

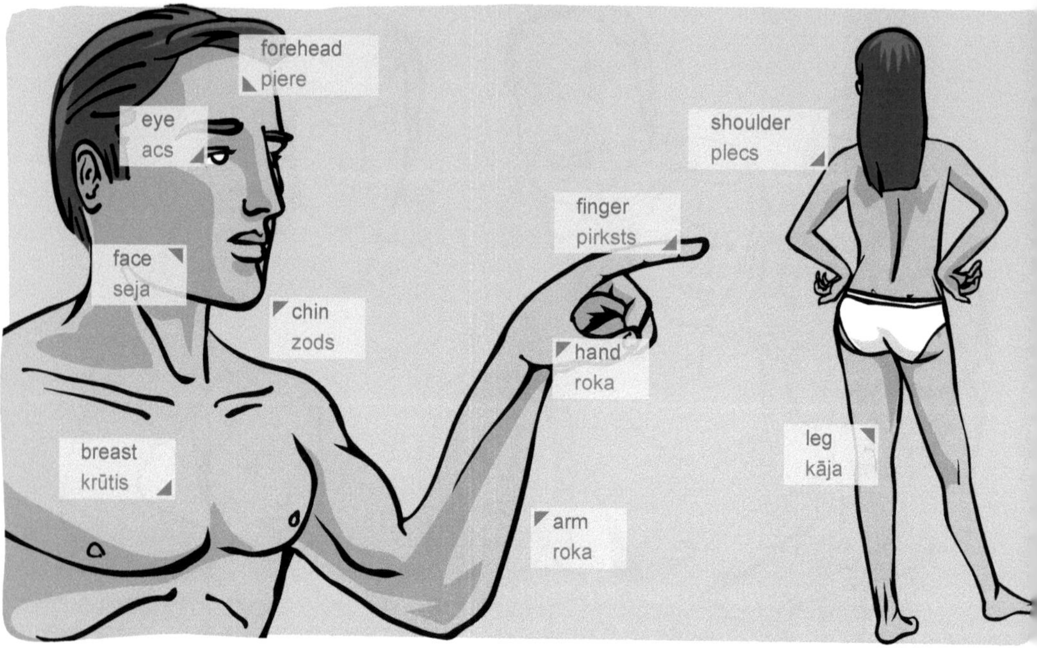

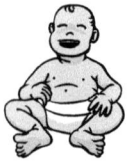

baby
mazulis

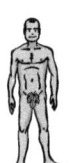

man
vīrietis

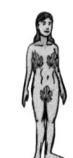

woman
sieviete

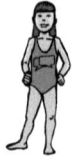

girl
meitene

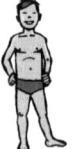

boy
zēns

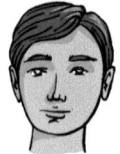

head
galva

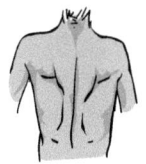

back
....
mugura

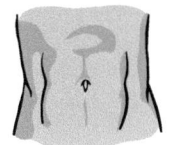

belly
....
vēders

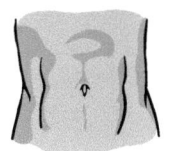

belly button
....
naba

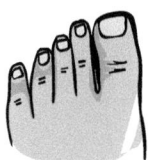

toe
....
kājas pirksts

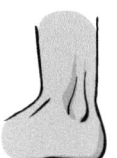

heel
....
papēdis

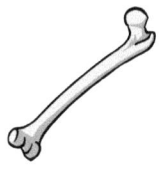

bone
....
kauls

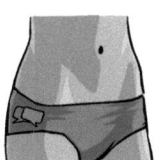

hip
....
gurns

knee
....
celis

elbow
....
elkonis

nose
....
deguns

bottom
....
dibens

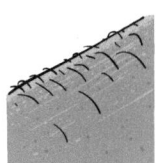

skin
....
āda

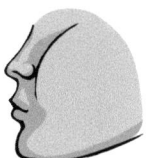

cheek
....
vaigs

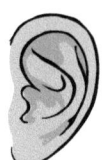

ear
....
auss

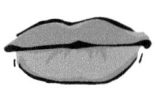

lip
....
lūpa

body - ķermenis

mouth

mute

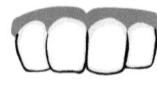

tooth

zobs

tongue

mēle

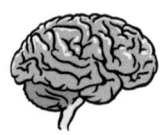

brain

smadzenes

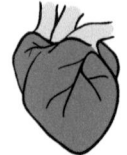

heart

sirds

muscle

muskulis

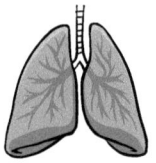

lung

plaušas

liver

aknas

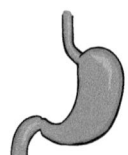

stomach

kuņģis

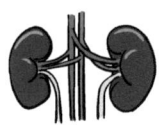

kidneys

nieres

sex

dzimumakts

condom

kondoms

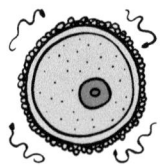

ovum

olšūna

semen

sperma

pregnancy

grūtniecība

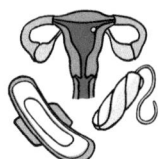

menstruation

menstruācijas

vagina

vagīna

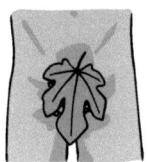

penis

penis

eyebrow

uzacs

hair

mati

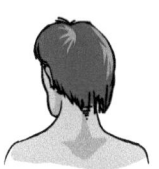

neck

kakls

hospital
slimnīca

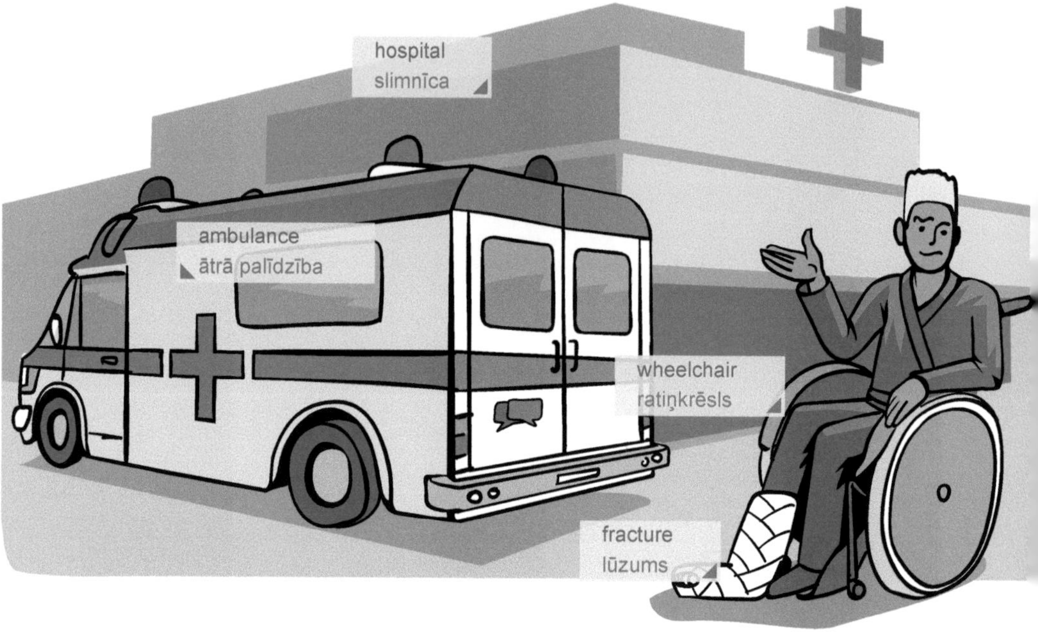

hospital
slimnīca
ambulance
ātrā palīdzība
wheelchair
ratiņkrēsls
fracture
lūzums

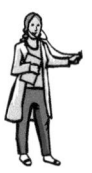

doctor

ārsts

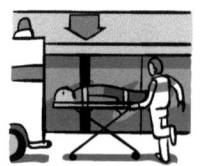

emergency room

neatliekamās palīdzības nodaļa

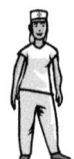

nurse

medmāsa

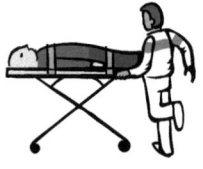

emergency

ārkārtas gadījums

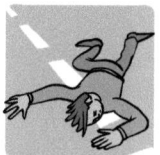

unconscious

paģībis

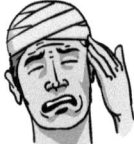

pain

sāpes

injury

ievainojums

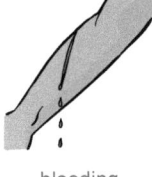

bleeding

asiņošana

heart attack

sirdslēkme

stroke

insults

allergy

alerģija

cough

klepus

fever

temperatūra

flu

gripa

diarrhoea

caureja

headache

galvassāpes

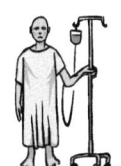

cancer

vēzis

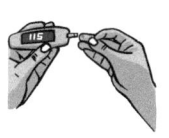

diabetes

diabēts

surgeon

ķirurgs

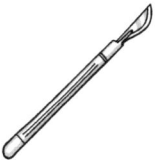

scalpel

skalpelis

operation

operācija

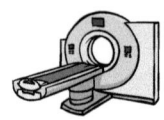

CT

datortomogrāfija

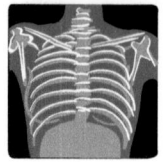

x-ray

rentgents

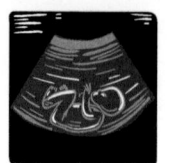

ultrasound

ultraskaņa

face mask

sejas maska

disease

slimība

waiting room

uzgaidāmā telpa

crutch

kruķis

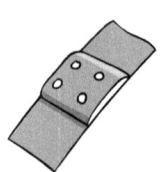

plaster

plāksteris

bandage

apsējs

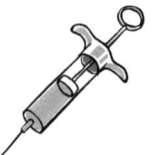

injection

injekcija

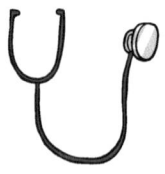

stethoscope

stetoskops

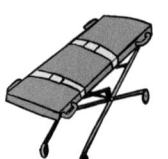

stretcher

nestuves

clinical thermometer

termometrs

birth

dzemdības

overweight

liekais svars

hearing aid

dzirdes aparāts

disinfectant

dezinfekcijas līdzeklis

infection

infekcija

virus

vīruss

HIV / AIDS

HIV / AIDS

medicine

zāles

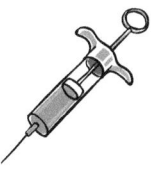

vaccination

pote

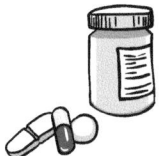

tablets

tabletes

pill

pretapaugļošanās tablete

emergency call

ārkārtas izsaukums

blood pressure monitor

asinsspiediena mērītājs

ill / healthy

slims / vesels

Help!

Palīgā!

alarm

trauksme

assault

uzbrukums

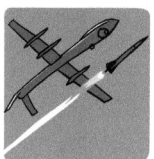

attack

uzbrukums

danger

bīstamība

emergency exit

avārijas izeja

Fire!

Uguns!

fire extinguisher

ugunsdzēšamais aparāts

accident

negadījums

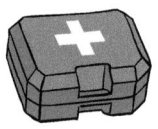

first-aid kit

pirmās palīdzības aptieciņa

SOS

SOS

police

policija

Europe

Eiropa

North America

Ziemeļamerika

South America

Dienvidamerika

Africa

Āfrika

Asia

Āzija

Australia

Austrālija

Atlantic

Atlantijas okeāns

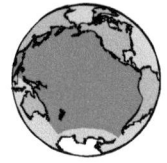

Pacific

Klusais okeāns

Indian Ocean

Indijas okeāns

Antarctic Ocean

Dienvidu okeāns

Arctic Ocean

Ziemeļu ledus okeāns

North Pole

Ziemeļpols

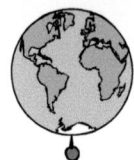

South Pole

Dienvidpols

Antarctica

Antarktika

Earth

zeme

land

zeme

sea

jūra

island

sala

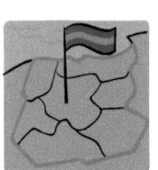

nation

nācija

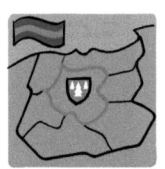

state

valsts

clock face

ciparnīca

hour hand

stundu rādītājs

minute hand

minūšu rādītājs

second hand

sekunžu rādītājs

What time is it?

Cik ir pulkstenis?

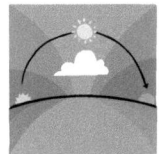

day

diena

time

laiks

now

tagad

digital watch

digitālais pulkstenis

minute

minūte

hour

stunda

week
nedēļa

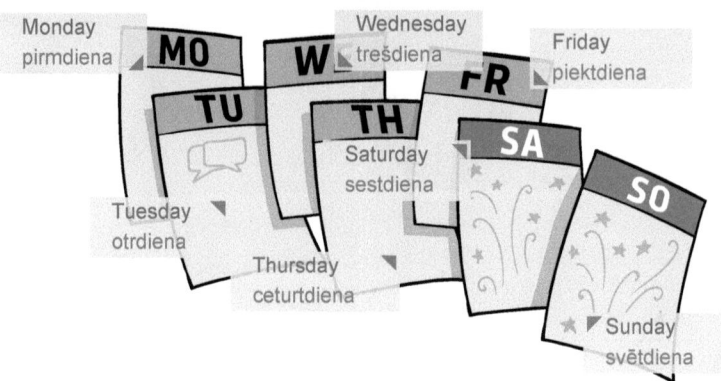

Monday
pirmdiena

Tuesday
otrdiena

Wednesday
trešdiena

Thursday
ceturtdiena

Friday
piektdiena

Saturday
sestdiena

Sunday
svētdiena

yesterday

vakardien

today

šodien

tomorrow

rītdien

morning

rīts

noon

pusdienlaiks

evening

vakars

MO	TU	WE	TH	FR	SA	SU
1	2	3	4	5	6	7
8	9	10	11	12	13	14
15	16	17	18	19	20	21
22	23	24	25	26	27	28
29	30	31	1	2	3	4

business days

darbadienas

MO	TU	WE	TH	FR	SA	SU
1	2	3	4	5	6	7
8	9	10	11	12	13	14
15	16	17	18	19	20	21
22	23	24	25	26	27	28
29	30	31	1	2	3	4

weekend

brīvdienas

year
gads

rain
lietus
wind
vējš
snow
sniegs
spring
pavasaris
autumn
rudens
summer
vasara
winter
ziema

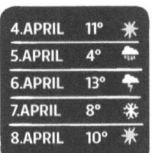

4.APRIL 11°
5.APRIL 4°
6.APRIL 13°
7.APRIL 8°
8.APRIL 10°

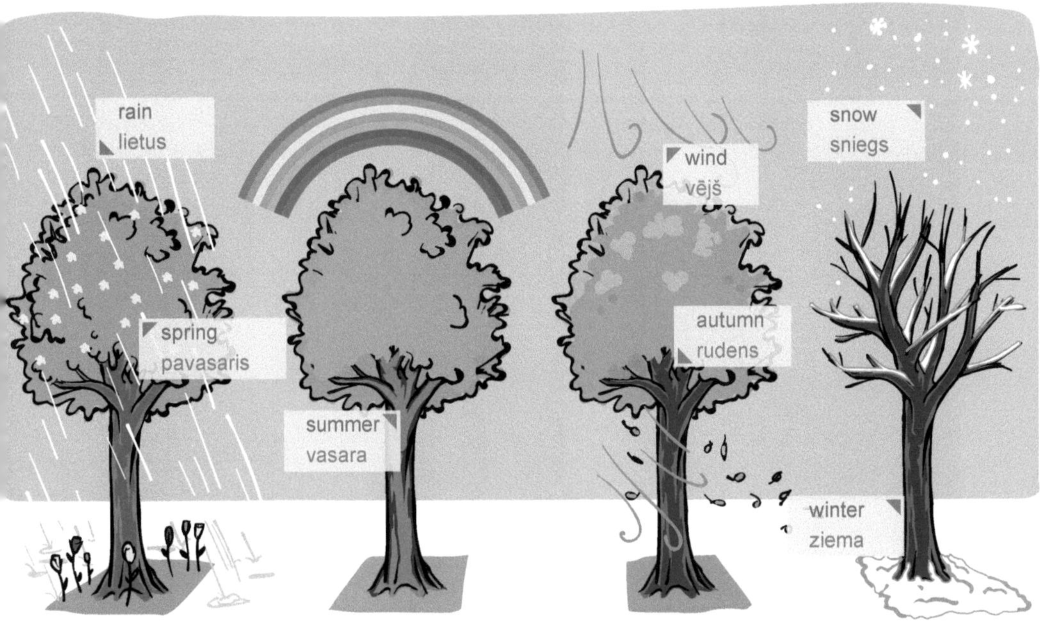

weather forecast

laika prognoze

F
C
120
90
60
30
0
-30
40
30
20
10
0
-10
-20

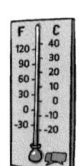

thermometer

termometrs

sunshine

saules gaisma

cloud

mākonis

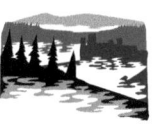

fog

migla

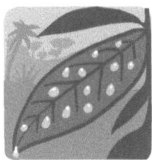

humidity

gaisa mitrums

lightning

zibens

thunder

pērkons

storm

vētra

hail

krusa

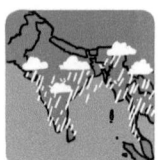

monsoon

musons

flood

plūdi

ice

ledus

January

janvāris

February

februāris

March

marts

April

aprīlis

May

maijs

June

jūnijs

July

jūlijs

August

augusts

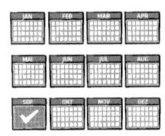

September
....
septembris

October
....
oktobris

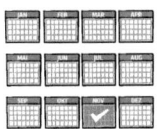

November
....
novembris

December
....
decembris

circle
....
aplis

square
....
kvadrāts

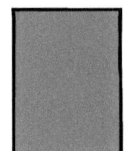

rectangle
....
četrstūris

triangle
....
trīsstūris

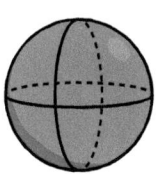

sphere
....
lode

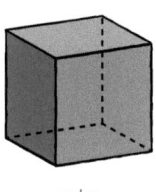

cube
....
kubs

white

balts

yellow

dzeltens

orange

oranžs

pink

sārts

red

sarkans

purple

lillā

blue

zils

green

zaļš

brown

brūns

grey

pelēks

black

melns

a lot / a little

daudz / maz

angry / calm

saniknots / miermīlīgs

beautiful / ugly

skaists / neglīts

beginning / end

sākums / beigas

big / small

liels / mazs

bright / dark

gaišs / tumšs

brother / sister

brālis / māsa

clean / dirty

tīrs / netīrs

complete / incomplete

pilnīgs / nepilnīgs

day / night

diena / nakts

dead / alive

miris / dzīvs

wide / narrow

plats / šaurs

edible / inedible

baudāms / nebaudāms

evil / kind

nikns / laipns

excited / bored

satraukts / garlaikots

fat / thin

resns / tievs

first / last

pirmais /pēdējais

friend / enemy

draugs / ienaidnieks

full / empty

pilns / tukšs

hard / soft

ciets / mīksts

heavy / light

smags / viegls

hunger / thirst

izsalkums / slāpes

ill / healthy

slims / vesels

illegal / legal

nelegāls / legāls

intelligent / stupid

inteliģents / dumjš

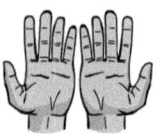

left / right

kreisais / labais

near / far

tuvu / tālu

new / used

jauns / lietots

nothing / something

nekas / kaut kas

old / young

vecs / jauns

on / off

ieslēgts / izslēgts

open / closed

atvērts / slēgts

quiet / loud

kluss / skaļš

rich / poor

bagāts / nabags

right / wrong

pareizi / nepareizi

rough / smooth

raupjš / gluds

sad / happy

noskumis / laimīgs

short / long

īss / garš

slow / fast

lēns / ātrs

wet / dry

slapjš / sauss

warm / cool

silts / vēss

war / peace

karš / miers

numbers
skaitļi

0

zero

nulle

1

one

viens

2

two

divi

3

three

trīs

4

four

četri

5

five

pieci

6

six

seši

7

seven

septiņi

8

eight

astoņi

9

nine

deviņi

10

ten

desmit

11

eleven

vienpadsmit

12

twelve

divpadsmit

13

thirteen

trīspadsmit

14

fourteen

četrpadsmit

15

fifteen

piecpadsmit

16

sixteen

sešpadsmit

17

seventeen

septiņpadsmit

18

eighteen

astoņpadsmit

19

nineteen

deviņpadsmit

20

twenty

divdesmit

100

hundred

simts

1.000

thousand

tūkstotis

1.000.000

million

miljons

Valodas

English

angļu

American English

amerikāņu angļu

Chinese Mandarin

ķīniešu mandarīnu valoda

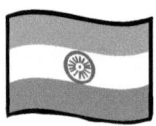

Hindi

hindi

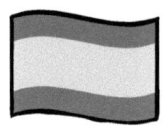

Spanish

spāņu

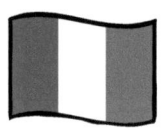

French

franču

Arabic

arābu

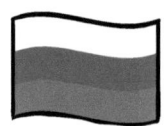

Russian

krievu

Portuguese

portugāļu

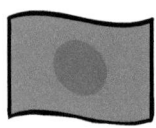

Bengali

bengāļu

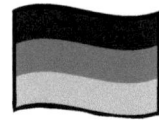

German

vācu

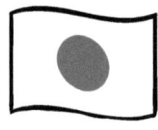

Japanese

japāņu

I

es

you

tu

he / she / it

viņš / viņa

we

mēs

you

jūs

they

viņi / viņas

who?

kas?

what?

ko?

how?

kā?

where?

kur?

when?

kad?

name

vārds

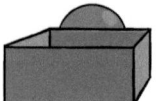

behind

aiz

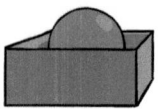

in

iekšā

in front of

priekšā

over

virs

on

uz

under

zem

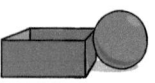

beside

blakus

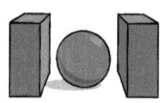

between

starp

place

vieta